ÉLOGE FUNÈBRE

DE MADAME LA MARQUISE

DE LA ROCHEJAQUELEIN

PRONONCÉ

A LA CÉRÉMONIE DE SES OBSÈQUES

DANS L'ÉGLISE DE SAINT-AUBIN DE BAUBIGNÉ

Le Samedi 28 Février 1857

PAR

MONSEIGNEUR L'ÉVÊQUE DE POITIERS.

—————

POITIERS

IMPRIMERIE DE HENRI OUDIN, LIBRAIRE-ÉDITEUR

RUE DE L'ÉPERON, 4.

1857

ÉLOGE FUNÈBRE

DE MADAME LA MARQUISE

DE LA ROCHEJAQUELEIN.

———❦———

> *Manum suam misit ad fortia et digiti ejus*
> *apprehenderunt fusum.*
>
> Elle a mis sa main à de grandes entre-
> prises, et ses doigts ont saisi le fuseau.
> (Au L. des Prov., c. 31., v. 19.)

Mes très-chers Frères,

Les anciens Patriarches, avant de mourir, faisaient promettre solennellement à leurs fils qu'ils rap-
porteraient leur dépouille dans le sépulcre des ancê-
tres, et qu'ils réuniraient leurs ossements aux ossements de leurs familles. « Voici, disait Jacob, que je
vais rejoindre mon peuple; ensevelissez-moi avec mes
pères dans la grotte d'Ephron, auprès de Mambré, là où
fut enseveli Abraham, ainsi que Sara son épouse, là
où repose Isaac avec sa femme Rebecca, là où est en-

terrée aussi Lia [1]. » Les enfants de Jacob s'engagèrent
à remplir les volontés de leur père : Joseph même s'y
obligea par serment. Et le vieillard, tranquillisé par
le serment de son fils, adora le Seigneur; puis il
rendit bientôt le dernier soupir [2]. Et les enfants firent
comme leur père leur avait commandé. Plusieurs
des anciens et des hommes illustres de la contrée se
joignirent à eux; il y eut dans le cortége des chars
et des cavaliers, et il se fit une foule considérable.
Ils vinrent à une première station, où ils célébrèrent
les obsèques avec beaucoup de larmes et de deuil;
puis il portèrent le corps à Mambré, et ils l'enseveli-
rent dans le sépulcre où reposaient tous ses proches [3].

Ces grands souvenirs de la Genèse, Mes Frères, ne
nous offrent-ils pas un récit exact de ce qui s'accom-
plit sous nos yeux ? N'est-ce pas l'une de ces anciennes
scènes patriarcales qui se renouvelle ? Nous aussi,
depuis plusieurs jours, nous accompagnons un cercueil. Celle dont il contient les restes n'eut dans ses
dernières années qu'un désir, qu'une ambition :
elle voulait être ramenée au milieu du peuple qu'elle
a aimé, être réunie avec les siens dans une même
tombe et sous un même monument dont l'érection
occupait toutes ses pensées. Ses enfants ont exécuté
fidèlement toutes ses recommandations, observé

[1] *Gen.* XLIX, 29-31.
[2] *Ibid.* et XLVII, 29-31.
[3] *Ibid.* L, 7-13,

toutes les stations funéraires. Et si le noble chef de la famille, lui en qui le respect et l'amour filial fut toujours si profond, lui pour qui sa mère fut toujours l'objet d'un véritable culte, est condamné à n'avoir pour témoin de ses larmes que la couche où le retient une cruelle souffrance, du moins son affection, plus forte que la douleur, a pu s'employer à procurer l'accomplissement ponctuel de tous les désirs et de tous les vœux de celle qui lui est ravie.

Mais, dira-t-on, pourquoi ce deuil privé d'une famille prend-il aujourd'hui les proportions d'un deuil public? Pourquoi cette marche funèbre ainsi transformée en une marche triomphale? Pourquoi cette affluence inusitée? Pourquoi ce mouvement de toute une province?

Est-il besoin de vous le dire, Mes Frères ? Cette femme illustre, à qui nous rendons les derniers devoirs de la sépulture chrétienne, elle a été deux fois l'épouse et deux fois la veuve, elle a été la fille, elle a été la sœur, elle a été la mère des soldats et des victimes, des héros et des martyrs de la lutte la plus sainte et la plus glorieuse qui fut jamais. En sa personne se résume une des plus grandes pages de l'histoire humaine. Quelle partie du monde habitable n'a pas ouï les exploits héroïques de cette province occidentale de la France, et la merveille plus étonnante des vertus qui ont inspiré cet héroïsme? Loin de moi la pensée de venir raconter ici ce que toute la terre a connu ! Mais, évêque de cette religieuse contrée, je serais un mauvais économe de l'héritage qui m'est échu , un administrateur négligent du dépôt qui m'a été confié, si je demeurais muet à l'instant où la tombe va se refermer sur le plus auguste débris d'une époque à jamais mémorable dans les fastes de mon Eglise. Tout docteur instruit des choses du royaume des cieux , dit l'Evangile , sait tirer de son trésor les richesses nouvelles comme les richesses anciennes. Eh bien ! cette terre du Poitou, qui a vu périr l'arianisme sous les coups de Clovis , qui a broyé l'islamisme sous la main de fer de Charles Martel, qui a renversé plusieurs autres ennemis du nom chrétien, je dois proclamer que son plus beau titre devant les âges à venir, ce sera d'être demeurée intrépide dans sa foi aux jours de la grande tribulation et de la défaillance presque universelle. Ma conscience m'a donc dit que j'avais ici une dette à acquitter, un devoir à remplir, et que ma voix devait animer tout ce lugubre appareil en s'efforçant de vous montrer comment, à l'exemple de la femme forte de nos livres saints, celle-ci a mis durant plusieurs années sa main aux grandes entreprises, et s'est appliquée ensuite à toutes les industries de la charité : *Manum suam misit ad fortia, et digiti ejus apprehenderunt fusum*

Que toutes les pensées de la politique humaine soient écartées; que toutes les susceptibilités et les ombrages s'évanouissent ! Je n'ai à m'occuper ici que de la religion, et je ne veux parler que d'elle en payant mon humble tribut d'hommages à la mémoire de TRÈS-NOBLE ET TRÈS-ILLUSTRE DAME VICTOIRE DE DONNISSAN, successivement MARQUISE DE LESCURE et MARQUISE DE LA ROCHEJAQUE-LEIN.

C'est bien ici, M. F., qu'il serait facile de vous montrer dans une seule vie toutes les extrémités des choses humaines [1], et de faire voir au monde le néant de ses pompes et de ses grandeurs. Victoire, ou, pour parler comme la reine Marie-Antoinette, Victorine de Donnissan était née au château de Versailles. Madame Victoire, tante du roi, et Monsieur, depuis Louis XVIII, l'avaient tenue sur les fonts sacrés; elle avait été élevée au milieu du luxe et des grandeurs, parmi toutes les magnificences et toutes les fêtes de la cour, entourée de tous les grands noms de la monarchie auxquels elle touchait par de nombreuses alliances; la société des hommes les plus illustres, la familiarité même des princes étaient des choses qui ne lui paraissaient ni remarquables ni extraordinaires, parce qu'elles entraient dans les habitudes journalières du monde au milieu duquel elle vivait [2]. Ses qualités personnelles, sa douceur, sa piété, son instruction, ouvraient devant elle le plus brillant avenir.

[1] Bossuet, *Or. fun. de Henriette de France.*
[2] *Mémoires de madame la marquise de La Rochejaquelein,* 6ᵉ édition, p. 14 et 15.

Ainsi s'étaient écoulées les seize premières années de la fille du marquis de Donnissan. Or, à vingt-trois ans, elle passait une année presque entière sous une pauvre chaumière de la Bretagne, fuyant d'un lieu à un autre, occupée tout le jour à garder les brebis, et trouvant à peine quelques lambeaux de linge pour couvrir la nudité de ses enfants qui ne tardèrent pas à mourir de langueur et de misère. Que s'était-il donc passé durant ce court intervalle qui puisse expliquer un si grand renversement de fortune? Je vais m'efforcer de vous le dire en peu de mots.

Prophète de Pathmos, qui aviez plongé dans l'avenir lointain des âges, et vous, royal enfant de Jessé, qui aviez démêlé les secrets replis du cœur des rois et des peuples, prêtez-moi vos oracles inspirés.

Et je vis la raison de l'homme, brillante étoile qui avait longtemps pris place parmi les astres des cieux, se détacher tout à coup du firmament et tomber sur la terre. Un funeste présent lui avait été fait, une clef mystérieuse lui avait été remise. Elle ouvrit le puits de l'abîme et il s'en éleva une fumée épaisse qui obscurcit le soleil et les airs[1] : fumée de l'hérésie, fumée de la philosophie, les noms changeaient, mais la fumée s'épaississait tous les jours davantage. Pour compliquer le mal, une étincelle d'ambition jalouse avait jailli jusque sur les trônes ; les rois et les puis-

---

[1] *Apoc.* IX, 1, 2.

sants de la terre prenaient ombrage du règne de Dieu et de son Eglise. Depuis longtemps, on entendait un secret frémissement des nations, une sourde fermentation des peuples. Enfin le cri de guerre a retenti ; l'impiété a rassemblé sous ses étendards mille soldats divers qui ont oublié leurs préjugés de naissance, d'opinion, de rang, pour se coaliser contre l'ennemi commun. Désunis sur mille autres points, ils n'ont ici qu'une pensée unanime : *Cogitaverunt unanimiter, simul adversum te testamentum disposuerunt*[1]. Et quel est-il cet ennemi contre lequel je vois marcher ces bataillons si serrés ? Ah ! que d'autres s'arrêtent à discuter les passions secondaires, à déplorer l'ébranlement des contre-coups et les accidents de la mêlée. Pour moi, m'élevant au-dessus de ces calamités communes pour n'envisager que la tendance principale, je dirai avec un roi, grand homme d'Etat, que, dans son fond et dans son essence, la conspiration a été ourdie contre Dieu et contre son Christ : *Convenerunt in unum adversus Dominum et adversus Christum ejus*[2]. C'est Dieu, c'est son Christ, dont on veut briser les chaînes, dont on veut secouer le joug : *Dirumpamus vincula eorum, et projiciamus a nobis jugum ipsorum*[3]. Ils ont dit à Dieu et surtout à son Christ : Retire-toi, nous ne voulons pas de la science de tes

---

[1] *Ps.* LXXXII, 6.
[2] *Ps.* II, 2.
[3] *Ib.* 3.

voies [1]. Et il fut fait comme il fut dit. Il existait un pacte ancien, une longue alliance entre la religion et la société, entre le christianisme et la France; le pacte fut déchiré, l'alliance fut rompue : *Et averterunt se, et non servaverunt pactum* [2]. Dieu était dans les lois, dans les institutions, dans les usages; il en fut chassé, le divorce fut prononcé entre la constitution et l'Evangile, la loi fut sécularisée, et il fut statué que l'esprit de la nation moderne n'aurait rien à démêler avec Dieu, duquel elle s'isolait entièrement : *Et in lege ejus noluerunt ambulare... et non est creditus cum Deo spiritus ejus* [3]. Dieu avait sur la terre des temples majestueux que surmontait le signe du Rédempteur des hommes; les temples sont abattus ou fermés; on n'y entend, au lieu des chants sacrés, que le bruit de la hache ou le cri de la scie; la croix du Sauveur est renversée et remplacée par des signes vulgaires : *Posuerunt signa sua signa... in securi et ascia dejecerunt eam; incenderunt igni sanctuarium tuum* [4]. Dieu avait sur la terre des jours qui lui appartenaient, des jours qu'il s'était réservés et que tous les siècles et tous les peuples avaient respectés unanimement; et toute la famille des impies s'est écriée : Faisons disparaître de la terre les jours consacrés à

---

[1] *Job*, XXL, 14.
[2] *Ps.* LXXVII., 57.
[3] *Ibid.* 8, 10.
[4] *Ps.* LXXIII, 5, 7.

Dieu : *Dixerunt in corde suo cognatio eorum simul : Quiescere faciamus omnes dies festos Dei a terra*[1]. Dieu avait sur la terre des représentants, des ministres, qui parlaient de lui et qui le rappelaient aux peuples ; les prisons, l'exil, l'échafaud, la mer et les fleuves ont tout dévoré. Enfin, disent-ils, il n'y a plus de prophète, et Dieu ne trouvera plus de bouche pour se faire entendre : *Jam non est propheta, et nos non cognoscet amplius*[2]. O vous tous qui portiez sur votre front l'onction sainte qui fait les pontifes et les prêtres, les rois et les prophètes, de quelque prétexte que l'on s'arme contre vous, rassurez-vous : c'est à cause du nom de Jésus-Christ que vous êtes un objet de haine ; et le Seigneur, qui sait discerner entre les cupidités accessoires et la passion dominante, vous dit, comme à Samuel : Ce n'est pas vous qu'ils ont rejeté, mais c'est moi, de peur que je ne règne sur eux : *Non enim te abjecerunt, sed me, ne regnem super eos*[3]. C'en est fait : tous les droits de Dieu sont anéantis ; il ne reste debout que les droits de l'homme. Ou plutôt, l'homme est Dieu, sa raison est le Christ, et la nation est l'Eglise.

Voilà, M. F., ce qui s'était accompli parmi des flots de sang et de larmes, depuis que cette jeune

---

[1] *Ibid.* 8.

[2] *Ibid.* 9.

[3] 1 *Reg.* VIII, 7.

femme, que nous retrouvons sous des haillons, avait quitté les pompes de Versailles. Jamais, en aussi peu de temps, le mal n'avait eu autant de puissance sur la terre. Ce mal s'était-il opéré sans résistance? C'est ce que nous allons voir.

Quand Dieu, dans sa miséricorde plus encore que dans sa justice, a résolu de jeter une nation dans le creuset de la tribulation pour la purifier de ses fautes et lui rendre son amour, ce qu'il importe avant tout, c'est que cette nation puisse offrir au Seigneur des victimes dignes de lui. Qu'un agneau sans tache se rencontre à ce moment sur le trône : pour le salut de son peuple, il y vaudra mieux qu'un lion. Ne vous plaignez point qu'il ne sache pas verser d'autre sang que le sien : Dieu lui a donné la conscience secrète de son rôle, qui est le rôle du martyr. Silence, silence, ô jugements des hommes, jugements indiscrets et précipités ! C'est l'heure de l'holocauste, ce n'est pas encore l'heure du combat. Sans cela, ne serait-ce pas une énigme qu'en ce pays de France, qui est un pays de courage, tant de têtes innocentes fussent venues docilement se courber sous le fer homicide d'une poignée de scélérats ? Mais tout s'explique pour le chrétien : c'est le grand mystère de la rédemption qui se continue ; laissons passer la justice de Dieu. Toutefois, si le Seigneur veut être apaisé par les sacrifices, il n'a pas cessé pourtant de s'appeler le Seigneur Dieu des armées ; et, en même temps que la France a montré qu'elle savait souffrir pour son Dieu, elle doit prouver à la terre qu'elle sait aussi combattre pour lui.

Ici vient se placer, M. F., la lutte gigantesque de votre pays. Qu'on ne l'appelle point une guerre civile, une guerre politique, une guerre sociale : elle doit être qualifiée d'après le motif principal et déterminant qui lui a donné naissance. Je m'en rapporte aux généraux ennemis qui, dans leurs dépêches et correspondances officielles, nomment constamment cette guerre *la guerre sainte*, cette armée, *l'armée chrétienne, l'armée catholique.* Ce peuple, sans doute, aimait sa patrie, aimait ses institutions, aimait son roi, et je ne sache pas que personne songe à lui en faire un crime. Napoléon Ier disait qu'il fallait envoyer les peuples modernes à l'école de la Vendée pour y apprendre leurs devoirs envers les gouvernements. Non, cette contrée ne professait pas le dogme et ne pratiquait pas la morale de l'indifférence par rapport aux questions les plus élevées de la société humaine. La patrie n'est pas un être abstrait ; jamais elle ne justifie mieux ce beau nom que quand elle possède au sommet de la hiérarchie nationale un *père*. Arrière le patriotisme qui faisait rouler la tête du père sur l'échafaud ! Cependant, la foi robuste de ce pays réserva toujours la première place pour la première majesté. On a pu même le dire avec vérité : si la religion avait été placée hors d'atteinte, si la doctrine était demeurée intacte, les circonstances étaient telles que la Vendée, quoique saisie d'horrenr, n'eût guère donné à sa patrie que des larmes et des regrets. Bien plus, si la royauté elle-même eût entrepris d'altérer la foi et de changer la religion, la Vendée, chrétienne et catholique avant tout, n'eût pas imité la docilité aveugle d'une nation voisine, ni encouru comme elle le juste reproche de s'être montrée trop soumise à ses princes en mettant sous le joug sa foi même et sa conscience [1]. Elle aurait défendu sa foi contre ses rois ; et sa conscience, telle que le grand Hilaire la lui avait formée depuis plus de quatorze siècles, lui aurait dit qu'il valait mieux obéir à Dieu qu'aux hommes : *Obedire oportet Deo magis quam hominibus* [2].

Mais, grâce au ciel, cette hypothèse est vaine, et la persécution ne se leva pas de ce côté. Ce fut la révolution qui vint atteindre ce peuple dans ce qu'il avait de plus cher et de plus sacré, dans ce qui touchait à sa foi, à toutes ses affections, à tous ses respects. Elle s'attaqua aux temples, elle s'attaqua aux prêtres, elle s'attaqua à l'orthodoxie. Dès lors, la résistance commença. On espéra conjurer la résistance en envoyant à ce peuple des prêtres intrus qui lui diraient la messe. Ce peuple avait une religion ferme et éclairée, et une messe par un prêtre tel quel ne lui suffisait pas ; autant il était docile et respectueux pour les prêtres dignes de leurs

---

[1] Bossuet, *Or fun. de Henriette de France.*
[2] *Act.* v. 29.

saintes fonctions, autant il était énergique à repous-
ser les apostats ou les schismatiques qu'on voulait lui
imposer de vive force. Ce fut l'occasion du premier
sang versé. Un malheureux homme du Bas-Poitou se
battit longtemps contre les gendarmes : il avait reçu
vingt-deux coups de sabre. On lui criait : « Rends-
toi. » Il répondait : « Rendez-moi mon Dieu, » et il
expira ainsi. — Mes Frères, dans ce trait unique vous
avez toute l'histoire du duel acharné qui se conti-
nuera. La révolution brandissant son sabre sur la
Vendée et lui criant : « Rends-toi ; » la religieuse
Vendée se défendant avec énergie, et, jusqu'au dernier soupir, répondant : « Rendez-moi mon Dieu : »
ce dialogue est le résumé le plus pathétique de sept
ans de guerre, de deux cents prises et reprises de
villes, de sept cents combats particuliers, de dix-
sept grandes batailles rangées, enfin de tous ces exploits éclatants qui égalent les plus hauts faits d'armes
de l'antiquité. « Rends-toi.—Rendez-moi mon Dieu : »
voilà ce qui explique ce qu'un célèbre conventionnel
appelait l'inexplicable Vendée.

Mais ce n'est pas assez aux yeux de quelques-uns
d'avoir expliqué la Vendée ; il la faudrait justifier. La
justification, Mes Frères, demandez-la aux païens eux-
mêmes. Quand ils se liguaient pour la défense de leur
pays contre l'invasion des barbares, leur devise n'é-
tait-elle pas celle-ci : *Pro aris et focis : pour les autels et pour les foyers? Pour les autels* d'abord, parce

que les intérêts divins sont les plus élevés de tous ;
pour les autels d'abord, parce que si un peuple peut
quelquefois sacrifier ses foyers, il ne peut jamais
sacrifier ses autels ; *pour les autels* d'abord, parce
que les foyers ne sont en sûreté que derrière le
rempart des autels. Et je veux le bien dire ici à
ceux qui croient n'avoir à faire que de protéger des
intérêts vulgaires : Si, une fois encore, vous avez le
malheur d'abandonner le ciel aux outrages de l'impiété, espérant acheter à ce prix la tranquille possession de la terre, vous serez déçus dans votre espérance
coupable. Si vous persistez dans une conduite qu'on
pourrait exprimer par ces mots : contre les autels et
pour les foyers : *contra aras et pro focis ;* si vous ou-
vrez la porte du temple à deux battants, si vous livrez
le sanctuaire à la merci des impies et des sacriléges,
courbez la tête devant le sort qui vous attend ; car,
après que vous aurez laissé les barbares envahir le
temple et les autels, soyez sûrs qu'ils ne s'arrêteront
pas devant la sainteté de votre seuil domestique, et
qu'ils viendront s'asseoir à votre foyer. Ne vous en
étonnez pas : l'homme n'a pas droit à être mieux
traité quo Dieu.—La justification de la Vendée, elle
est donc dans le premier mot de cette devise de tous
les peuples armés pour leur défense la plus légitime :
Pro aris et pro focis.

Mais elle se trouve aussi à toutes les pages des livres
sacrés. Ecoutez saint Jean Chrysostome : « Que

sont-ils, ces Machabées, qu'ont-ils souffert et qu'ont-ils fait? Il est nécessaire de le dire pour l'intelligence de la chose. L'impie Antiochus ayant envahi la Judée, ayant porté la dévastation partout, ayant entraîné une partie du peuple de Dieu dans la défection, Mathathias et les siens résistèrent à tous les assauts livrés à leur constance. Il est vrai, quand ils voyaient que l'ennemi les eût écrasés par sa force brutale, et que toute résistance efficace était impossible, ils s'effaçaient pour un temps et ne se jetaient pas aveuglément au milieu des dangers ; ils savaient fuir et se cacher à propos. Mais dès qu'ils avaient un peu respiré, tout à coup, comme de généreux lionceaux, ils sortaient de leurs retraites, s'élançaient de leurs cavernes ; ils parcouraient toute la contrée, enrôlant sous leur bannière tous ceux qui étaient demeurés fidèles, et ramenant dans la droite ligne plusieurs de ceux qui s'en étaient écartés. De la sorte, ils eurent bientôt une armée d'élite, toute composée de braves. Or, ils ne se battaient point pour leurs femmes, pour leurs enfants, pour leurs maisons, ni pour éviter l'incendie ou la captivité : au contraire, en se battant, ils sacrifiaient tous leurs avantages matériels, leur bien-être, leur tranquillité domestique, et ils s'exposaient sciemment à plus de mal que l'ennemi n'eût jamais songé à leur en faire. Mais ils combattaient pour la religion et la loi de leurs pères ; et le chef de la guerre, c'était Dieu lui-même : *Dux autem eorum erat Deus*. Quand ils livraient la bataille, quand ils exposaient leurs vies, ils ne mettaient leur espoir ni dans la supériorité du nombre, ni dans l'excellence des armes, mais ils pensaient que le motif sacré de la guerre leur tiendrait lieu d'armure : *Loco omnis armaturæ, pugnæ causam sufficere ducentes.* En marchant vers l'ennemi, ils ne s'étourdissaient point au bruit des trompettes et des fanfares, ils n'avaient pas besoin de s'animer par des procédés factices, comme on a coutume de faire dans les autres camps; mais ils invoquaient le secours d'en haut, ils priaient le Seigneur de les assister, de leur porter secours, de leur tendre la main, lui pour lequel ils faisaient la guerre, lui pour la gloire de qui ils combattaient : *Propter quem bellum gerebant, pro cujus gloriâ decertabant*[1]. »

Chrétiens qui m'entendez, si c'est là l'histoire des braves Machabées, n'est-ce pas celle de votre pays ? Or, ce que l'Esprit-Saint a loué dans les guerriers de l'ancienne loi, cesserait-il d'être digne d'éloge dans les guerriers de la loi nouvelle? Et la bravoure militaire ne mériterait-elle plus l'admiration lorsqu'elle est au service de la cause divine et des intérêts les plus élevés de nos âmes? Disons-le plutôt: autant la religion est au-dessus des choses terrestres, autant cette guerre fut au-dessus des guerres ordinaires.

Nos pères, les habitants de l'ancienne Gaule, ne craignaient, dit-on, qu'une chose, c'était que le ciel

---

[1] *Chrysost Exposit. in Psalm.* XLIII. n. 1.

tombât sur leurs têtes. Mes Frères, il est un ciel plus haut et plus désirable que le firmament visible qui enveloppe ce monde : c'est le ciel que Jésus-Christ nous a conquis par son sang ; c'est le ciel dont l'avant-goût et les prémices se trouvent ici-bas dans la foi, dans la piété chrétienne ; c'est le ciel dont le sacerdoce catholique tient la clef et ouvre la porte ; c'est le ciel de la gloire, dont la racine et le germe se nourrissent du sang de l'adorable sacrifice et de la grâce des sacrements. Or, c'est ce ciel qui allait en quelque sorte tomber et se fondre sous les coups de l'impiété révolutionnaire. Les chrétiens de la Vendée furent émus de cela, et cela seul put les rendre guerriers. « Si le ciel venait à tomber, disaient encore les vieux Gaulois, nous le soutiendrions de nos lances.» Et la Vendée prit la lance, ou plutôt, tout devint arme dans sa main pour soutenir le ciel. Elle y réussit ; car le jour où elle quitta les armes, la liberté de demeurer catholique lui fut garantie ; et, plus tard, le premier consul nous dira de quel poids fut la Vendée dans son esprit quand il se résolut au concordat. Il ne voulait pas voir recommencer contre lui la guerre des géants.

Mais quelle place occupa dans cette grande lutte la noble femme que nous pleurons ? Les deux noms qu'elle porta le disent assez : Lescure et La Rochejaquelein. Lescure, homme d'une modestie égale à sa profonde instruction ; homme de courage et de conseil, d'énergie et de modération, de bravoure et d'humanité; Lescure, qui dans une guerre où les généraux étaient soldats et combattaient souvent corps à corps, eut cette gloire commune avec Jeanne d'Arc de n'avoir jamais donné de sa propre main la mort à personne [1]; Lescure, que l'on surnomma justement *le saint du Poitou* : c'est à cet humble et fier chrétien que fut unie d'abord la fille du marquis de Donnissan. Et quand Lescure mourut des suites d'une cruelle et inguérissable blessure, Henri de La Rochejaquelein, son parent et son meilleur ami en ce monde; Henri, l'Achille de la Vendée, le preux par excellence et le brave des braves; Henri, les yeux mouillés de pleurs, serra la main de la jeune veuve en lui disant avec un accent de douleur qu'elle n'oublia jamais : « Ma vie peut-elle vous le rendre? prenez-la. » Sa vie, hélas ! elle ne lui appartenait plus à lui-même ; comme Lescure il allait bientôt la donner à son Dieu et à son Roi. Seulement, comme la mort des deux amis devait être diverse ainsi que leurs caractères, il était dans la destinée d'Henri d'être emporté par un coup soudain. Mais un autre de ses frères, réservé lui-même à un futur holocauste, en épousant la veuve d'un si grand homme, devait la rendre encore plus chère à la Vendée et réunir deux noms que la postérité ne séparera plus.—Lescure et La Rochejaquelein, et,

---

[1] *Mémoires*, p. 152.

laissez-moi le dire aussi, La Rochejaquelein et Talmont :
on aime à voir ainsi les héros de nos guerres saintes
se serrer encore la main après leur mort, et l'on bé-
nit les nobles femmes, en qui viennent se rencontrer
de si grands noms et de si grandes gloires !

Ces noms d'ailleurs et ces gloires, les femmes se
montrèrent dignes de les partager. Non pas en maniant
un fer meurtrier : la rigide discipline de l'armée catholique ne le permettait pas à leur sexe, et il y eut tout au
plus quelques exceptions justifiées par la nécessité
des circonstances ou par une vocation manifeste.
Mais qui pourra lire sans attendrissement et sans admiration le récit des périls de tout genre que les
femmes affrontèrent durant ces longues pérégrinations
militaires, et la constance infatigable avec laquelle
elles s'associèrent au sort de leurs invincibles maris?
Anges de la prière et du dévouement, elles sont à
genoux durant le combat ; elles ont préparé les sca-
pulaires et les images du Cœur sacré de Jésus, qui sont
l'unique cuirasse des guerriers. Comme les filles de
la Charité, elles ont une adresse merveilleuse pour
panser les blessures; elles connaissent la vertu des
plantes pour les guérir. Instruments de pardon et
de miséricorde, elles obtiennent la grâce des trans-
fuges et souvent la vie des prisonniers. La voyez-vous,
notre jeune marquise? Naturellement timide, elle savait
à peine se tenir sur un cheval dont un serviteur tenait
la bride; mais à la nouvelle que son mari vient d'être

blessé, elle saute sur une mauvaise monture sans laisser le temps d'en arranger les étriers inégaux, elle part au grand galop et fait trois lieues en trois quarts d'heure par les plus mauvais chemins. La première fois qu'on vient la haranguer à Châtillon, comme l'officier agitait son sabre par forme de mouvement oratoire, elle se met à trembler de tous ses membres et à pousser des cris comme un enfant; quelques jours plus tard, elle partait à bride abattue pour Treize-Vents et Mallièvre, faisait sonner le tocsin, remettait la réquisition au conseil de la paroisse et haranguait les paysans. Dans la déroute de Dol, un jeune volontaire qu'elle avait arraché au dernier supplice, s'aperçoit du danger quelle court ; il se jette à la bride de son cheval en lui disant : « Vous êtes ma libératrice, je ne vous quitte pas, nous périrons ensemble. » « Ce n'est pas ici que vous devez être, lui répond-elle ; si vous n'êtes pas un traître, allez vous battre. » Le jeune homme ramasse un fusil et court au combat où il se conduit bravement. Ce fut ainsi que, plus d'une fois, les femmes ranimèrent les esprits, relevèrent les courages, et rappelèrent dans leur camp la fortune qui allait les trahir.

Je n'ai donc rien avancé de téméraire, M. F., en vous disant que cette femme forte a mis la main aux grandes entreprises. Elle a été témoin, elle a été actrice dans toutes les périodes de cette lutte colossale ; elle en a senti toutes les émotions, goûté tous les succès, partagé tous les revers, subi tous les désastres. Son incomparable mari, son vaillant et généreux père, sa tante octogénaire, l'abbesse de Saint-Ausone d'Angoulême, ses trois enfants en bas âge, lui ont échappé le long de ces voyages et de ces campements qu'on peut comparer à ceux des Israélites dans le désert. Il ne lui reste que son admirable mère, ange tutélaire qu'une Providence attentive daigne lui conserver. Partout sa grande âme, sa religion, sa résignation, sa foi ont été à la hauteur de ses infortunes. Et si l'on veut personnifier dans une seule existence historique cette grande épopée de la croisade vendéenne, aucune vie, aucun nom, aucune figure ne se présentent avec un cortége plus complet de grandes actions, de grandes vertus, de grands malheurs et de grands caractères : *Manum suam misit ad fortia.* Il me reste à développer brièvement la seconde partie de mon texte : *Et digiti ejus apprehenderunt fusum :* Et ses doigts ont saisi le fuseau.

L'homme, M. F., ne donne pas sa mesure exacte durant ces courts instants de la vie où il est élevé en quelque sorte au-dessus de sa taille naturelle par un élan extérieur et communiqué. C'est lorsqu'il est rendu à lui-même et à ses proportions personnelles qu'on peut apprécier plus sûrement sa valeur morale. « Ce sont, disait le grand Bossuet, ce sont ces choses simples, gouverner sa famille, édifier ses domestiques, faire justice et miséricorde, accomplir le bien que Dieu veut et souffrir les maux qu'il envoie ; ce sont ces communes pratiques de la vie chrétienne que Jésus-Christ louera au dernier jour devant ses saints anges et devant son Père céleste. Les histoires seront abolies avec les empires, et il ne se parlera plus de tous ces faits éclatants dont elles sont pleines [1] » ; je veux dire de ceux qui n'auront servi qu'à établir une gloire mondaine : car les exploits religieux auront leur retentissement jusque dans l'éternité. La femme illustre dont nous célébrons la mémoire, en quittant le théâtre des actions publiques, ne perdit rien de sa grandeur ; et son noble caractère ne nous apparaît pas moins durant plus d'un demi-siècle de vie privée que dans les trois ou quatre années de sa vie militante. Elle a saisi l'aiguille et le fuseau, si j'ose ainsi le dire, à la façon chevaleresque dont tous les siens avaient pris le glaive ou le fusil, et les expéditions de sa charité ont rivalisé avec celles de leur valeur : *et digiti ejus apprehenderunt fusum*. Mais, avant d'aborder ce sujet, laissez-moi dire un instant comment elle a manié la plume.

Écrire des mémoires, c'est un écueil dangereux contre lequel vient échouer et périr la modestie et souvent la sincérité des âmes vulgaires. Qui de nous n'a éprouvé quelque impatience à la lecture de ces sortes d'écrits ? De nos jours surtout, il n'est si petit

[1] **Bossuet**, *Or. fun. du Prince de Condé.*

astre qui ne se pose en soleil, qui ne s'installe au centre de tout le système, et qui ne fasse graviter le monde entier autour de soi. Là, vous voyez l'orgueil dénigrer toutes les supériorités qui l'offusquent, grandir les médiocrités qui le mettent en relief, présenter sous un jour complaisant ses propres actions, dissimuler ses fautes dans une habile réticence, enfler les événements auxquels il a été mêlé, déprécier ceux qui n'ont pas eu besoin de sa participation, coudoyer, froisser, irriter tous les amours-propres, provoquer mille protestations, mille rectifications, enfin livrer à la postérité des documents qui ne sont bons qu'à faire mentir l'histoire, si l'histoire, comme il arrive souvent, n'en sait pas discerner le vice.

Les mémoires de l'illustre veuve sont à l'abri de tous ces reproches. Elle a pu le dire avec vérité : elle n'a point voulu faire un livre et n'a jamais songé à être un auteur. C'est à cause de ses enfants qu'elle a eu le courage d'achever ces mémoires : elle s'est fait un triste plaisir de leur raconter les détails glorieux de la vie et de la mort de leurs parents, parce qu'elle a cru que ce simple récit, écrit par leur mère, leur inspirerait un sentiment plus tendre et plus filial pour leur honorable mémoire. Mais elle a regardé aussi comme un devoir de rendre hommage à leurs braves compagnons d'armes. « Je n'ai pu, dit-elle, et je n'ai voulu écrire que ce dont je me rappelais parfaitement ; et c'est seulement par ignorance que je passe souvent sous silence ou ne fais qu'indiquer des actions ou des personnes qui mériteraient à tous égards les éloges. Mon cœur ne sera satisfait que si d'autres, mieux instruits, leur rendent la justice qui leur est dûe [1]. » Dans ces lignes, comme dans le livre tout entier, respire la probité historique, l'amour de la vérité, et le noble désintéressement des belles âmes. Qu'on lise le portrait de Catheline au, l'héroïque paysan de l'Anjou, et qu'on dise s'il a été tracé avec moins d'amour et d'enthousiasme que celui même de Lescure. Il y a, dans cette rédaction rapide, des coups de pinceau qu'envieraient les grands maîtres dans l'art d'écrire. Le caractère de notre Bocage ; la trempe d'esprit des Vendéens ; ce mélange de respect et d'égalité, d'obéissance et de franc-parler, d'égards hiérarchiques et de confiance familière ; ces soldats aveuglément soumis au moment du combat, et, hors de là, se regardant comme tout à fait libres : tout cela est pour ainsi dire la nature prise sur le fait ; et quiconque a voulu parler exactement des mœurs de ce peuple, a emprunté ses principales descriptions au livre de la marquise de La Rochejaquelein. Le personnage qu'elle a représenté le plus au naturel, c'est incontestablement Henri. Elle était à Clisson près de lui, et son visage subitement transfiguré vint en quelque sorte se peindre sous sa

---

[1] *Mémoires*, p. 1 et 2.

plume, le jour où le jeune héros, irrévocablement fixé dans la résolution de se battre, « prit tout à coup cet air fier et martial, ce regard d'aigle que depuis il ne quitta plus. [1] » Et quand survint la mort de cet ange des combats, voici comment elle la raconte : « Ainsi finit, à vingt et un ans, celui des chefs de la Vendée dont la carrière a été la plus brillante. Il était l'idole de son armée : encore à présent, quand les anciens Vendéens se rappellent l'ardeur et l'éclat de son courage, sa modestie, sa facilité, et ce caractère de héros et de bon enfant, ils parlent de lui avec fierté et avec amour ; il n'est pas un paysan dont on ne voie le regard s'animer quand il raconte comment il a servi sous *Monsieur Henri*. » Hérodote ou Plutarque, Tite-Live ou Quinte-Curce n'auraient pas mieux dit. Mais quittons l'art de bien dire, et ne considérons plus que celui de bien faire.

Il n'est peut-être aucune province de la France, vous le savez, M. F., où les conditions diverses de la société, mais particulièrement le gentilhomme et le paysan, aient eu longtemps plus de points de rapprochement et de contact que dans cette contrée de la Gâtine et du Bocage. La noblesse, en ce pays, avait assez foi en elle-même pour ne pas rechercher cette grandeur factice qui a besoin de se rehausser par la fierté, et elle avait surtout une foi religieuse assez

[1] *Mémoires*, p. 113.

vive et assez pratique pour comprendre que, de chrétien à chrétien et de français à français, ce qui veut
dire d'homme libre à homme libre, la distance du
rang ne doit se laisser apercevoir que par la supériorité de l'éducation et des bienfaits. Le peuple, de
son côté, savait par expérience que ses maîtres ne cher-
chaient jamais à l'humilier par un faste arrogant, ni à
l'asservir, même par leurs bienfaits ; et il sentait pour
eux dans son cœur un respect si vrai et un amour si
sincère, qu'il n'était jamais exposé à sortir des bornes
de la réserve en les approchant avec liberté. De là, ce
phénomène inconnu presque partout ailleurs : une noblesse affable et honorée, s'appuyant sur un peuple fier
et soumis. C'est de cet échange de procédé se ntre les
grands et les petits, de ce respect mutuel des droits, de
cet accomplissement réciproque des devoirs, ou plutôt,
de ce soin que l'on prenait des deux côtés d'accorder
plus que le droit et d'observer plus que le devoir,
c'est de là, dis-je, qu'est sortie la guerre magnanime des
provinces de l'Ouest, guerre impossible partout où la
défiance et la séparation des castes empêchèrent au
peuple de se donner des chefs, aux seigneurs de trou-
ver des soldats. La religion avait établi ces bienheu-
reux rapports ; la guerre les fortifia. Parce que cette
guerre jaillissait des entrailles du peuple, la noblesse
voulut que le peuple en eût la principale gloire ; par
un sentiment de juste délicatesse, elle fut unanime à
se soumettre tout d'abord à un généralissime sorti des

rangs du peuple, au brave et pieux Cathelineau. Durant tout le cours de la guerre, disent les mémoires de notre marquise, « les gentilshommes avaient toujours grand soin de traiter d'égal à égal chaque officier paysan. Ceux-ci pourtant ne l'exigeaient pas ; parfois ils quittaient la table de l'état-major, disant qu'ils n'étaient pas faits pour dîner avec nous, et ils ne cédaient qu'à nos instances. L'égalité, ajoute-t-elle, régnait bien plus dans l'armée vendéenne que dans celle de la république, au point que j'ignore encore, ou n'ai appris que depuis, si la plupart de nos officiers étaient nobles ou bourgeois ; on ne s'en informait jamais ; on ne regardait qu'au mérite : ce sentiment était juste et naturel, il partait du cœur ; et, sans être inspiré par la politique, il y était trop conforme pour n'être pas général. [1] »

Mais si la condition des armes avait établi l'égalité durant la guerre, après la guerre terminée, l'inégalité des fortunes reparut. A part quelques talents supérieurs qui conquirent un rang plus élevé, la foule de ces vaillants soldats, de ces braves officiers, retourna vers les champs, vers la métairie, vers le village. La Vendée s'était battue par conscience et par devoir, elle ne demandait pas de récompense humaine. Des centaines de Cincinnatus, après avoir déposé le glaive, reprirent modestement la charrue. Mais, hélas ! ils

---

[1] *Mémoires*, p. 200.

retrouvèrent la métairie ruinée, la maison pillée, le village incendié. La misère, la détresse furent partout. De ce jour-là, la vie de la veuve de Lescure, devenue marquise de La Rochejaquelein, ne fut qu'un long héroïsme de charité. Elle n'a plus qu'une pensée : adoucir le sort de ses chers Vendéens, soulager ces vénérables familles qui, après avoir si bien mérité de la religion et de la patrie, sont retombées dans la gêne et dans les souffrances. Tant que le trône lui parut accessible, elle se condamna au rôle ingrat de solliciteuse. Autant elle se résignait à être oubliée elle-même, autant elle était ardente à plaider la cause de ces intéressantes victimes de la fidélité, qu'elle était d'ailleurs la première à secourir. Ce n'était pas assez pour elle d'envoyer à des multitudes de métayers indigents tout l'argent dont elle pouvait disposer après avoir satisfait aux besoins de sa nombreuse famille ; non, l'argent, il n'y a qu'un mérite vulgaire à le donner quand on l'a. Elle fera plus, elle se condamnera elle-même au travail, à un travail incessant. Je l'ai dit, et je veux le répéter, elle s'est armée de l'aiguille et du fuseau avec une énergie que j'appellerai martiale : *Et digiti ejus apprehenderunt fusum.* Oui, depuis la première aube du matin jusqu'à l'heure la plus avancée du soir, durant plus de cinquante ans, on l'a vue occupée à préparer elle-même, de ses mains, des habits de laine, des vêtements de toutes les tailles, pour les vieillards, les femmes, les nouveaux-nés ; elle connaissait par cœur toutes les familles ; elle savait l'histoire des nouvelles générations, le nom et l'âge des enfants. Chacun de ses ouvrages avait donc sa destination marquée, qui le rendait encore plus précieux pour celui auquel il parvenait et dont il excitait toujours l'attendrissement. Elle s'encourageait elle-même dans son labeur par la pensée du bonheur qu'il procurerait à celui qu'elle avait en vue. Elle y mettait une sorte d'enthousiasme et comme une ardeur guerrière. Aussi, malgré la cruelle cécité dont elle ne tarda pas à être frappée, rien ne pouvait la détourner de son œuvre. Tandis qu'elle dictait ces longues et charmantes lettres dont sa chère Vendée était presque toujours l'objet, ses doigts travaillaient encore. Durant ces délicieux récits qui tenaient autour d'elle toute la famille attentive, qui suspendaient toute l'assistance à ses lèvres, elle n'abandonnait point son tissu de laine ; tout au plus, dans le feu de la narration, quittait-elle un instant l'aiguille qu'elle enfonçait alors dans la blanche et abondante chevelure qui couvrait son vénérable front ; mais, un moment après, elle reprenait son cher instrument, et poursuivait sa trame avec son discours. Noble mercenaire, le matin elle s'était imposé sa tâche, et elle n'était pas satisfaite d'elle-même quand, à la fin du jour, elle ne l'avait pas achevée. L'Esprit-Saint dit que la femme forte a travaillé la laine et le lin avec des mains pleines de résolution :

linum et lanam operata est consilio manuum suarum :
de sorte qu'elle est par sa prévoyance comme le vais-
seau d'un armateur qui envoie le fruit de ses travaux
chez les étrangers et qui apporte de loin son pain: *facta
est quasi navis institoris, de longe portans panem suum* [1].
Ces paroles s'appliquent d'elles-mêmes à notre chari-
table héroïne. Et je n'exagère rien en disant que les
chariots de guerre qui suivaient la grande armée vendéenne, ne suffiraient pas à contenir toutes les provi-
sions que l'infatigable industrie de cette sainte femme
expédia dans ces contrées durant un demi-siècle.

C'est ainsi que, par l'empire de sa charité, elle se
gagna tous les cœurs, et que le beau nom de La Rochejaquelein, tant illustré déjà par le courage, acquit un
nouveau lustre et de nouveaux droits à l'admiration
et à l'amour de toute cette contrée.

Un souvenir des actes des apôtres s'est présenté à
mon esprit. Une pieuse femme, nommée Dorcas,
mûrie pour le ciel par ses bonnes œuvres et ses au-
mônes, venait de mourir à Joppé. Pierre, le prince du
collége apostolique, fut prié de s'y rendre ; et quand
il fut arrivé auprès du corps de la défunte, les veuves
l'entourèrent en pleurant et en lui montrant les robes
et les habits que leur faisait Dorcas [2]. Pour moi, M. F.,
je ne saurais dire ce que j'ai trouvé ici de plus tou-

---

[1] *Prov.* XXXI, 13, 14.
[2] *Act.* IX, 36 et *seq.*

chant depuis trois jours : ou bien cette foule d'hommes distingués , et ces vieux capitaines des paroisses, et tous ces braves paysans venant rendre hommage sur ce cercueil à la mémoire des anciens généraux qui les ont menés ou qui ont mené leurs pères au combat ; ou bien ces multitudes d'hommes, de femmes et d'enfants fondant en pleurs et nous montrant les tuniques , les robes et les vêtements que cette illustre Dorcas leur faisait : *et circumsteterunt illum flentes et ostendentes ei tunicas et vestes quas faciebat illis Dorcas.*

Aussi, M. F., comment douter des miséricordes de N.-S. J.-C. envers sa servante qu'il vient d'appeler à lui ? « Le royaume des cieux souffre violence, et les violents le ravissent [1]. » Or, le rôle du courage, vous avez vu comment cette femme l'a rempli. Et le Seigneur qui couronne le courage, couronne aussi la charité : « J'ai eu faim, dira-t-il, et vous m'avez donné à manger ; j'ai été nu, et vous m'avez vêtu [2]. » Or, le rôle de la charité, je viens de vous dire et vous savez mieux que moi combien elle y a excellé. Certes, elle n'a pas connu cet égoïsme qui mange son pain dans l'oisiveté : *Et panem otiosa non comedit [3].* Elle a partagé son pain avec les indigents et couvert leur nudité avec ses vê-

---

[1] *Matth.* xi, 1.

[2] *Matth.* xxv, 35.

[3] *Prov.* xxxi, 27.

tements [1]. Et quelle autre des vertus chrétiennes n'a-t-on pas admirée en elle? Elle avait la foi des temps antiques, la candide simplicité des premiers âges, un esprit de prière et des habitudes de piété qui se montrèrent jusque dans ses dernières paroles et dans ses derniers mouvements. Son cœur, ouvert à tous par la charité, était pour ses enfants et pour tous les siens un trésor inépuisable de tendresse et de dévouement. Son âme était affectueuse autant que pure, et tous ceux qui l'approchaient ont pu connaître que la chaleur et la vivacité de ses sentiments égalait l'exquise délicatesse de sa conscience.

Lescure mourant avait adressé à sa bien-aimée compagne ces dernières paroles, qui sont les paroles d'un prédestiné : « Chère amie, je vais te quitter ; ta douleur seule me fait regretter la vie ; pour moi je meurs tranquille. Assurément j'ai péché, mais cependant je n'ai rien fait qui puisse me donner des remords et troubler ma conscience : j'ai toujours servi Dieu avec piété ; j'ai combattu et je meurs pour lui ; j'espère en sa miséricorde. J'ai vu souvent la mort de près et je ne la crains pas... Console-toi en songeant que je serai au ciel : Dieu m'inspire cette confiance [2]. » Noble famille qui fondez en larmes, vous qui avez entouré cette belle vieillesse de tant de soins

[1] *Tob.* 1, 20.
[2] *Mémoires*, p. 325.

et de tant d'amour, votre mère aurait eu le droit de vous répéter mot pour mot, à son lit de mort, ces mêmes paroles. Mais puisque le coup dont elle a été frappée ne le lui a pas permis, c'est moi qui vous dirai avec l'autorité de mon ministère : « Consolez-vous en songeant qu'elle est au ciel : ses vertus et la ferveur de tant de prières me donnent cette confiance. » Elle y priera pour vous, elle y priera pour tout ce peuple, et le Seigneur se montrera facile à l'exaucer. Car l'Ecriture me dit que quand Dieu regarde du haut de sa demeure sainte, ses yeux s'abaissent avec une complaisance particulière sur les enfants de ceux qui ont été enchaînés ou massacrés pour sa cause sainte, et que quand il déploie toute la longueur de son bras, c'est pour bénir et protéger les fils de ceux qui ont été tués : *Dominus prospexit de excelso sancto suo, ut audiret gemitus compeditorum, ut solveret filios interemptorum* [1].

Seigneur mon Dieu, ils sont accourus ici en grand nombre et ils se trouvent dans tous les rangs de cette assistance, les rejetons de vos soldats et de vos martyrs. Mon cœur a besoin de vous faire cette prière du psalmiste : Etendez, Seigneur, votre bras puissant, allongez votre main paternelle, et prenez possession pour toujours des descendants de ceux qui ont donné leur vie pour vous : *Secundum magnitudinem brachii*

---

[1] *Psalm.* LI, 20, 21.

lui, posside filios mortificatorum [1]. Que cette génération demeure à jamais une génération de vrais chrétiens et de vrais français ! Que les mœurs antiques se conservent toujours dans cette province privilégiée, et qu'elle garde son énergie avec sa simplicité ! Que cette terre du dévouement et de l'honneur demeure invariablement fidèle à toutes les pratiques comme à toutes les croyances de la religion qu'elle a défendue au prix de tant de courage et de tant de sacrifices, de cette religion qui enfante les vertus civiques comme les vertus chrétiennes, et qui est le principe de tous les biens pour le temps et pour l'éternité. Ainsi soit-il.

[1] *Psalm.* LXXVIII, 11.

POITIERS.—IMPRIMERIE DE HENRI OUDIN.

www.ingramcontent.com/pod-product-compliance
Lightning Source LLC
Chambersburg PA
CBHW061350050726

47595CB00005B/2172